仲軒文化藝術研究院　編

慎德御珍

鈞德堂藏慎德堂及道光御瓷

上海書畫出版社

慎德御珍——鈞德堂藏慎德堂及道光御瓷特展

| 策展人 |

上海仲軒拍賣有限公司

| 展務統籌 |

王德元　　郝　萍

《慎德御珍——鈞德堂藏慎德堂及道光御瓷》

| 編　者 |

仲軒文化藝術研究院

| 主　編 |

王德元　　張德鈞　　郝　萍

| 編　委 |

胡雪峰　　高　銓　　王一乾　　鍾　祺

| 攝影、裝幀設計 |

凌衛政　　肖　蘭

目録

序一

與張國鈞先生相識十二載，一路走來，高山流水。

張國鈞先生，高級工程師、企業家，在藥企耕耘四十餘年，在企業經營之餘，醉心于收藏中國古代陶瓷，治學嚴謹，收藏頗豐。其收藏重脉絡，成體系，獨具慧眼。從同治大婚瓷，到道光慎德堂御瓷，到雍正御瓷，再到清雅文房雅玩………專題系列，精益求精，妙趣橫生。

是次展覽張國鈞先生甄選了其收藏的道光御瓷中的 31 件精品，其中慎德堂製款 26 件、湛静齋製款 1 件、行有恒堂製款 1 件、大清道光年製款 3 件。每件藏品無論從檔案記載、藝術水準、存世量等各個方面都是優中選優，力求完美。

慎德堂是圓明園九州清晏建築群中的一座。慎德堂于道光十一年（1831）建成，位于三大殿的西邊，是由乾隆皇帝的書房樂安和、清暉閣及樂安和北側的魚池改建而成，同時建成的還有其愛妃全貴妃居住的寢宮——湛静齋（咸豐皇帝出生地）。慎德堂自建成之後，就成爲道光皇帝在圓明園内的主要居住場所，這從内務府活計檔中可看出。其作用相當于紫禁城内的養心殿，一些政令均出于此，特別在道光晚年執政過程中，起到重要作用。景德鎮御窑廠爲慎德堂燒造的這批瓷器，不僅作爲官窑産品隨每年的年貢進京，同時作爲道光皇帝的私人御用瓷器，其款識的字體、顔色均由其欽定，并御筆題書。慎德堂款瓷器不僅代表了道光時期景德鎮御窑廠製瓷的最高工藝水平，同時也承載了道光皇帝"崇儉去奢，慎修思永"的執政理念。

上海仲軒聚焦于中國古代陶瓷領域，深耕瓷器板塊拍賣市場，盡自己微薄的力量在文物藝術品保護、流傳過程中推動學術研究，舉辦私人藏家個人展覽。傳播知識，展現中國古代陶瓷的魅力，共享收藏的樂趣。

適逢仲軒上海藝術周，上海仲軒拍賣、仲軒文化藝術研究院與張國鈞先生聯手，以其珍藏的慎德堂御瓷爲主題，策劃舉辦"慎德御珍——鈞德堂藏慎德堂及道光御瓷特展"。

"慎德御珍——鈞德堂藏慎德堂及道光御瓷特展"，由此拉開了上海仲軒拍賣、仲軒文化藝術研究院爲私人藏家舉辦個人收藏專題展覽的序幕。

預祝"慎德御珍——鈞德堂藏慎德堂及道光御瓷特展"圓滿成功！

上海仲軒拍賣有限公司

仲軒文化藝術研究院

王德元

序二

欣聞老友張國鈞先生《慎德御珍——鈞德堂藏慎德堂及道光御瓷》付梓之際，我十分高興。我與張國鈞先生相識于十二年前浙江大學古陶瓷研究班，當時他任班長，初見印象他慈心佛面，古道熱腸。當時班裏聚結了一批年輕優秀的企業家和古陶瓷行家，充滿了活力。在兩天的課程中，我們共同探討了中國陶瓷之美、古陶瓷收藏方向和鑒定要領。我們相談甚歡，得知他早年在瓷都景德鎮附近從事醫藥研究、生產。他有機會接觸大量的陶瓷，文化潤物無聲、潛移默化，那段工作經歷埋下了日後他收藏中國陶瓷的種子。在事業成功後，他開啓了收藏古陶瓷之路，在最初收藏之路上就得到了大行家王德元先生的指導，始終站在歷史的高度，走帝王路綫。

他的第一個收藏體系是同治大婚瓷，在取得成功後，緊接着他開始收集難度更高、藝術更精美的"慎德堂御用瓷"。慎德堂瓷器始燒于道光十一年至道光三十年（1831—1850），存放在圓明園九州清晏島西側，專供道光場所使用。故慎德堂瓷器是官窯中的御品，其精致程度高于一般同期官窯，也因其工藝精湛珍稀而聞名。慎德堂官窯瓷器的工藝精湛程度與乾隆精品有着同樣的水準，但是數量極其稀有，在未來的收藏價值上，慎德堂官窯瓷器的價值會遠超乾隆的一般官窯，這是值得我們關注的。

國鈞先生做了兩件非常有意義的事情：他從事醫學研究，提高了人們的生活質量并延長了人們的壽命；這本書的出版又滋養了我們熱愛陶瓷文化的人的精神。所以他這兩件事是不朽的，是非常值得稱贊的。

1860年10月，英法聯軍對圓明園進行搶劫掠奪并焚燒，故慎德堂御瓷傳世極少，收藏難度較大。近年來有關部門在圓明園考古挖掘時發現大量的慎德堂款瓷器的殘片。可見慎德堂瓷器遭毀壞，完整器大都流失到海外。經過國鈞先生十多年的努力用心、足迹踏遍全球，廣搜博覽，終于收集到二十餘件慎德堂御窯極品，蔚然大觀。

國鈞先生收藏慎德堂御窯珍品，不僅有其藝術價值，更有歷史價值。是爲中國近代史療傷，見物思古，不忘國恥。面對着這批慎德堂御窯瓷器，我無限感慨，一方面對國鈞先生的遠見卓越的眼光而贊嘆，更爲他堅持以恒的收藏精神而折服。隨着國家對文物不斷重視，會有更多的人參與收藏活動。而國鈞先生無疑還是陶瓷精品收藏的引領者，願他在未來收藏之路上有更多的斬獲和精彩。

甲辰歲末

錢偉鵬

於海南香水灣

自序

光陰如水，倏忽而過。但總有些瞬間，會被輕輕拾起，于時光深處靜靜回眸。在《慎德御珍——鈞德堂藏慎德堂及道光御瓷》付梓之際，我心中涌動的不僅是對過往歲月的深情致敬，更是對瓷器藝術無盡魅力的由衷贊嘆。

1982 年，我懷揣着對未來的無限憧憬，從大學畢業踏入社會，分配到距離景德鎮咫尺之遥的東風藥廠，命運的筆觸不經意間，在我生命中添上一抹獨特的釉彩。

作爲一名在醫藥企業耕耘了四十餘載的高級工程師，瓷器滋養着我忙碌充實的人生，成爲我精神世界中的一筆亮色。讓我有幸在醫藥與瓷器這兩大古老而深邃的領域中，達到了一種微妙的平衡，在科學的嚴謹與藝術的浪漫間，找到了一片寧静的天地。

真正踏上收藏之路，始于 2010 年。所謂器以載道、格物致知，瓷器寄托着古人的審美與智慧，宛如璀璨明珠，鑲嵌在人類文明的畫卷上，于社會、歷史、文化無不關聯。如此這般去審視器物，玩物得志，妙趣横生。

2012 年，在静德軒主人王德元老師指導下，我開始了更爲系統的學習和實踐，從同治大婚瓷的集藏到道光"慎德堂"款的追求，經歷了專題收藏的兩次進階。

"慎德堂"建于道光十一年，位于圓明園"九州島清晏"之西，是道光皇帝在園内的主要活動場所，因需要大量陳設和日用器物，"慎德堂"款瓷器便應運而生。傳説中的道光帝崇尚節儉，有"補丁皇帝"之稱，但在御用燒瓷上却毫不吝嗇，尤其是"慎德堂"專款專用瓷，更是集能工巧匠，舉全國之力，精心製作，承載着那個時代對于瓷器藝術的極致追求，歷來有不輸乾隆的説法，令我心生仰慕，一往而深。

大抵是職業的緣故，我一直堅守"惟精唯一，允執厥中"之道，我收藏的原則是：在喜歡和力所能及的前提下，集中力量收專題，買精、買稀、買好品。收藏有目標、有方向，就有了學習和尋覓的動力。

2015 年，我取"鈞德堂"爲自己的堂號，向國家工商總局注册了商標，并决定將收藏的方向聚焦慎德堂主題，這是我對自己收藏理念的深化，也是專注瓷器細分領域的探索。

我深知，這是一條既充滿挑戰又極具魅力的道路，需要時間的積累、知識的沉澱和審美的提升。我就像一個沉醉痴迷的旅人，穿梭于古窑遺址、博物館、拍賣會、私人藏家之間，樂此不疲。

時至今日，收藏慎德堂瓷器已整整十年。常因得到心儀藏品"談笑得意"，也有"吾心之遂未能如之所願"。歡喜與失落、收獲與遺憾成了與我并肩前行的好友。我也漸漸明白，收藏不祇是器物，更是一種樂趣，一種文化，一種人生智慧。

如今，我將精心挑選的瓷器彙聚一堂，我期待能與更多同好交流心得，讓瓷器藝術的博大精深與皇家風範的尊貴典雅，在新的時代綻放更加璀璨的光芒。

本次展陳的 26 件慎德堂瓷器及 5 件道光御用官窯，大部分參加了 2023 年在嘉德藝術中心舉辦的"慎修思永"道光御窯瓷器展，并得到了古瓷學術研究之翹楚奚文駿老師的精心指導，受益匪淺，感恩銘記。

本次展覽得到了良師益友、忘年之交，也是我古瓷收藏的引路人王德元先生及其上海仲軒拍賣團隊的傾力相助，圖錄蒙上海書畫出版社精心出版，又十分榮幸地得到著名的古陶瓷研究鑒定專家錢偉鵬導師撥冗賜序，對此我表示真誠的感謝！

慎德御珍、瓷韵流光。願這份熱愛與堅持，能傳遞出正能量，弘揚中華優秀傳統文化之精髓，願藝術品收藏之生命，如景德鎮那不息的窯火，磅礴浩蕩、源遠流長。

鈞德堂主人　張國鈞

2025 年 1 月

圖版

清道光
御題詩粉彩鴛鴦荷塘紋茶蓋碗

款識："慎德堂" 三字單行楷書款
口徑10.8厘米

　　慎德堂是道光皇帝在圓明園內的行宮，署"慎德堂製"款瓷器乃道光皇帝御用珍品，清宮舊藏慎德堂款瓷器僅存298件，然帶道光御題詩之器物更屬鳳毛麟角，十分稀罕。

　　此蓋碗敞口，深弧腹，圈足，蓋面隆起，上置圓形抓鈕，蓋于碗口內合，蓋鈕內及碗底足內均署紅彩"慎德堂"三字單行楷書款。碗內心無紋，碗與蓋外壁粉彩繪荷塘鴛鴦圖，一池碧水清澈見底、荷花盛開，其葉娉婷舒展，一對鴛鴦嬉戲于水波之上，相互凝視，意趣盎然。另一側書道光御製詩文"珠盈菡萏圓千琲，梁戩鴛鴦福萬年"，下鈐紅彩"道光"橢圓形篆書鈐印。上蓋紋飾與碗身相同，上下呼應。整體造型秀美，胎體輕盈，繪畫精細，色彩艷麗，爲道光御窰難得的精品。

　　同款藏品可參見故宮博物院中清宮舊藏的粉彩鴛鴦荷蓮紋茶碗。此碗從清宮檔案記載判斷，應當屬于道光皇帝親自下諭旨燒造的傳辦器物。可知此蓋碗應屬御窰精品，且蓋碗成套保存，殊爲難得。

清宮舊藏 清道光粉彩鴛鴦荷蓮紋茶碗

珠盈菡萏圓千珺
梁戢鴛鴦福萬年

清道光 青花雲龍趕珠紋小碗

款識：“慎德堂製”四字雙行楷書款
口徑11.3厘米

茶碗撇口、斜弧腹、圈足，碗心光素無紋，外壁以青花繪雙龍趕珠紋，近足處以海水江崖紋一爲飾。外底礬紅彩書“慎德堂製”四字楷書款。

此式茶碗的紋樣源自清代大運瓷器的一種，始于康熙，終于宣統，每朝所繪紋樣基本相同，僅于細微處略有變化。

道光四年（1824）皇帝指定督陶官在年貢中增加一組茶具，“其青花白地牡丹花、二龍戲珠、黄地暗龍茶盅照前樣每次年貢內各燒造二十件，青花白地渣斗燒造十件呈進”，此後歷年年貢中均有燒造。其中的“二龍戲珠茶盅”即爲本品類型茶碗，但道光十四年（1834）前所貢均爲青花“大清道光年製”六字篆書款，與大運瓷器幾乎無法區分。道光十四年年貢起貢瓷始落礬紅“慎德堂製”款，此類青花雲龍紋茶碗始見特殊之處，一直延續至道光三十年（1850）。按清宮瓷器檔案統計，自道光十四年至道光三十年，總計進貢“青雙龍茶盅”320件；故宮博物院現藏有相同茶碗22件。展品茶碗也屬歷年貢瓷中的1件，根據“慎德堂製”款的特徵，這件製品較大可能製作于道光十六年（1836）。

來源：
1.臺北慎德堂舊藏。
2.北京翰海，2015年11月28日，Lot2221。〔其中之一〕

展覽：
“慎修思永——清代道光御窰瓷器展”，中國嘉德、中海巨門，2023年，編號18。〔其中之一〕

出版：
《慎修思永——十九世紀的中國瓷器·道光御窰篇》，文物出版社，2024年12月，頁280，圖54。〔其中之一〕

參閱：
《故宮博物院藏慎德堂款瓷器》，故宮博物院編，故宮出版社，2014年，頁140—141，圖33。

清宮舊藏 清道光青花雲龍紋茶碗

清道光

白地軋道礬紅金彩雲龍紋蓋碗一對

款識："慎德堂製" 四字雙行楷書款
口徑 10.5 厘米

此對蓋碗撇口、弧壁、圈足，附蓋，蓋面弧形隆起，環形抓鈕，鈕內、足內皆以紅彩書 "慎德堂製" 四字楷書款。碗內壁、圈足及蓋鈕內均滿施松石綠釉，碗外壁、蓋面以白彩暗刻海水紋爲地，礬紅繪雙龍趕珠紋，紋飾皆以金彩勾勒。

道光貢瓷中端陽貢和年貢照例各有蓋碗一種，按本品款識來看，此對蓋碗當屬于道光二十七年（1847）以後的貢瓷，但查閱貢檔進單，現有名目中并無合適者，可能屬于道光二十九年（1849）缺損的年貢清單中。

另清宮有不規律傳辦 "慎德堂製" 款器物以補充所需的傳統，則另有可能爲道光晚期傳辦器物中的一項。故宮博物院也藏有一件完全相同的蓋碗，爲清宮舊藏，晚清時期存放于茶庫中。

展覽：

"慎修思永——清代道光御窑瓷器展"，中國嘉德、中海巨門，2023年，編號42。

出版：

《慎修思永——十九世紀的中國瓷器·道光御窑篇》，文物出版社，2024年12月，頁276，圖52。

參閱：

《故宮博物院藏慎德堂款瓷器》，故宮博物院編，故宮出版社，2014年，頁122—123，編號27。

清宮舊藏 清道光白地軋道描金紅龍紋蓋碗

清道光
粉彩玉堂富貴紋蓋碗

款識："慎德堂製"四字雙行楷書款
高8厘米，口徑10.9厘米

　　本品爲道光二十三年（1843）景德鎮御窑廠年貢製品，清宮檔案名稱"富貴長春茶蓋碗"。道光御窑貢瓷每年三貢，其中端陽貢和年貢均各有一種蓋碗，成爲定製。

　　本件蓋碗造型小巧，碗口微外侈，弧腹，圈足，蓋合于口內，吻合嚴密。外壁粉彩描繪紋飾，柔美的各色花卉自碗壁悠然而出，深淺不一的綠葉襯托得花朵異常嬌魅，蓋壁亦然。整體設色妍美脫俗，極見清雅之佳境。"蓋碗"在康熙時期出現，在茶蓋的基礎上創造出的新樣式，以適應當時飲茶風尚的改變。清代嘉慶、道光時期，隨着飲茶嗜好的盛行，各式精致的蓋碗、茶壺、茶盤、茶托大量生產，并成爲晚清官窑茶具中的主要品種。

展覽：
"御瓷集真——清代御窑瓷器常設展"，御瓷資料館，北京，2024年。

清道光
粉彩描金靈仙祝壽紋蓋碗一對

款識："慎德堂製"四字雙行楷書款
口徑10.9厘米

　　本對蓋碗造型小巧，形制周正。碗外壁及蓋面以金彩繪綉球花，粉彩繪壽石、水仙、蘭草、靈芝等吉物，寓意靈仙祝壽，福壽綿長。蓋頂、足底均書有紅彩"慎德堂製"楷書款。整器設色妍美脫俗，極見清雅之佳境。與乾隆、嘉慶粉彩繁縟之氣頗爲不同，畫意之雅猶如和風拂面，醉人心扉，直追雍正御物之風韵，十分符合道光皇帝追求清雅的要求。成對存世，較爲難得。

　　此蓋碗于道光二十七年十二月二十日進貢到宮廷，爲當年的春節燒製，檔案記載的名稱爲"金如意花卉茶蓋碗"，共二十副。故宮博物院藏有紋飾、尺寸相同器，可資參考。

來源：
1.陳子謙醫生珍藏。
2.香港蘇富比，1992年4月28日，Lot198。

參閱：
《故宮博物院藏——慎德堂款瓷器》，故宮出版社，2014年，頁98—101，圖20。

清宮舊藏 清道光粉彩描金靈芝水仙紋蓋碗

清道光
內礬紅描金五蝠捧壽外黃地洋彩纏枝蓮托暗八仙開光花卉紋盤

款識："慎德堂製" 四字雙行楷書款
口徑 11.3 厘米

參閱：
《故宮博物院藏慎德堂款瓷器》，故宮博物院編，故宮出版社，2014年，頁166—173，圖41。

　　清宮檔案中對"慎德堂"瓷器的款識，有如下記載："道光十四年二月二十二日，主事那隆阿首領武進忠來說，太監沈魁傳旨：十四年年貢起九江呈進瓷器款慎德堂製要紅字，欽此。"由此可知，慎德堂瓷器的款識，之所以都是礬紅彩楷書，是由於道光皇帝的御旨所致。出于皇帝對于慎德堂的偏愛，在慎德堂陳設、使用的許多日常用品上，均會鐫刻由道光皇帝親筆御書的"慎德堂製""慎德堂御用"等款識。翻閱現存著錄可知故宮博物院共藏有慎德堂器皿 357 件，而現留存下來清宮舊藏署"慎德堂製"款瓷器 298 件，本品即爲其中之一，傳世難得，誠爲可貴。

　　本器爲清代宮廷年節用瓷，與故宮博物院清宮舊藏清道光黃地粉彩描金開光花卉暗八仙紋碟相同，故宮博物院現藏此式樣碟、盤八件，碗三件，由此可知其稀珍可貴，傳世不可多得。

　　此盤造型端雅，施釉瑩潤，紋飾點綴金彩，盤心以礬紅繪五蝠捧壽，內口沿有礬紅"萬"字紋一周，首尾相接，是爲"萬福萬壽"之意。盤外壁施嬌黃釉，其上以洋彩繪纏枝寶相花紋，花枝綿延間糅以"暗八仙"紋。四面圓形開光，內繪工筆四季花卉紋，枝幹遒勁，花卉嬌麗，寓意"四季長春"。

清宮舊藏 清道光黃地粉彩描金紅蝠捧壽開光花卉暗八仙紋盤

清宮舊藏 清道光黃地粉彩描金紅蝠捧壽開光花卉暗八仙紋碗

清道光 檸檬黃釉小碟一對

款識："慎德堂製" 四字雙行楷書款
口徑8.8厘米

據《國朝宮史》卷十七載：器物裏外都施黃釉者，除帝、后外衹有皇太后才能用，皇貴妃則僅用黃釉白裏器物；貴妃用黃地綠龍器；嬪妃用藍地黃龍器；貴人用綠地紫龍器；常在用綠地紅龍器，尊卑有別，不得僭越。皇帝誕辰的"萬壽節"、農曆春節和冬至爲清宮的三大節慶，每逢這些節日皇宮內舉辦盛大活動慶祝，皇帝和皇太后、皇后使用特地爲此燒造的御用瓷器，以示吉慶，本品當屬其中之一。觀本品之款識，應爲宮廷傳辦之器，亦爲道光皇帝自用之物。相較于傳統黃釉瓷器而言，其品質更爲卓絕，數量更爲稀少，其級別絕非尋常官窯可比。成對流傳至今，彌足珍稀。

本品敞口、弧腹、圈足，玲瓏俊美，品質極高。碟身內外滿施檸檬黃釉，釉色嬌嫩鮮亮，品質直追乾隆時期御瓷。

來源：
1.天民樓藏瓷。
2.香港蘇富比，1978年5月24日，lot201。

檸檬黃釉是創燒于雍正時期的高溫黃釉品種，此黃釉得益于西洋進口原料——氧化銻作爲呈色劑。此高溫黃釉色彩嬌嫩，黃中閃翠，釉層呈乳濁狀，整體柔和溫潤，嬌俏可人，色如檸檬，故稱檸檬黃釉，清代文獻檔案中稱之爲"西洋黃"亦或者"洋黃"。檸檬黃釉以雍乾時期燒造最盛，此後數量逐漸減少，直至道光時期已不多見。

捌

清道光
黃地綠彩雲龍紋碗

款識："湛静齋製" 四字雙行楷書款
口徑 14.2 厘米

參閱：
《故宮博物院藏慎德堂款瓷器》，故宮博物院編，故宮出版社，2014年，頁90，圖17。

　　本品形制周正，端莊秀巧。碗內及外底內施白釉，光素無紋，釉色潔白瑩潤。外壁以黃地綠彩裝飾五爪九龍爲紋飾，龍身矯健，鬃鬣飛揚，龍身鱗片起伏鮮明，或戲逐烈焰寶珠，或騰轉回首，盡顯威風凜凜之態，四周飾 "壬" 字雲紋。整器布局考究，設色清麗，綠彩柔和，黃彩嬌嫩，對比強烈，爲道光御窯上佳之器。外底心以礬紅彩書 "湛静齋製" 四字楷書款。

　　本品以黃釉爲地，色彩明艷。據清宮瓷器檔案記載，道光十七年（1837）八月初八萬壽貢："綠龍大碗二十件，綠龍中碗二十件，綠龍五寸碟三十件，綠龍九寸盤十件"，即爲本品同類器，可見故宮博物院藏一例，工藝、紋飾與本品一致，唯器型略有差別。

　　湛静齋位于圓明園的九州清晏內，是道光皇帝爲全貴妃所建寢宮。道光皇帝爲全貴妃燒造與慎德堂御用瓷器同紋樣的瓷器，足以證明道光皇帝對其寵愛有加。

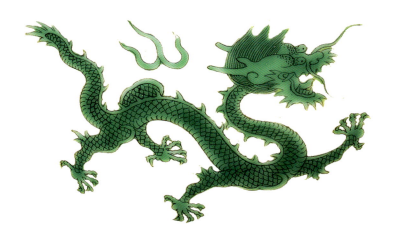

清宮舊藏 清道光黃地綠龍紋碗

玖

清道光
黄地绿彩九龙盘一對

款識："慎德堂製" 四字雙行楷書款
口徑 16 厘米

查閱清宮檔案記載可知，本對盤爲道光十七年（1837）專爲道光帝萬壽所燒，于當年八月初八日進貢到宮廷。當時進貢了"綠龍大碗二十件，綠龍中碗二十件，綠龍五寸碟三十件，綠龍九寸盤十件"，晚清時置于誠肅殿。可見清宮等級制度之森嚴，用瓷法度之健全繁細。而"九"數自古就有極爲重要的地位。"九"數與五爪龍紋更是至尊之數和帝王專屬的圖騰象徵，"九五之尊"便是皇帝的精神化身。

本對盤圓口、弧壁、淺腹、圈足，胎質細膩，釉光瑩潤。盤內及圈足內施白釉，釉色堆如凝脂，晶瑩無瑕。外壁黄釉爲地，以九條五爪綠龍爲飾，各類雲紋點綴。其中龍身矯健，騰轉飛舞，各不相似。龍身鱗片錯落有致，張嘴瞠目，逐炎戲珠，翱翔于渺渺雲海之間，盡顯天威皇權，威風凛凛之態。同類者可參閱故宮博物院清宮舊藏黄地綠龍碗。

來源：
1.臺北慎德堂，1992年。
2.香港蘇富比，2018年4月3日，Lot3671。

展覽：
"慎修思永——清代道光御窑瓷器展"，中國嘉德、中海巨門，2023年，編號19。

出版：
《慎修思永——十九世紀的中國瓷器·道光御窑篇》，文物出版社，2024年12月，頁222，圖25。

參閱：
《故宮博物院藏慎德堂款瓷器》，故宮博物院編，故宮出版社，頁90—91，編號17。

清道光
洋彩冰地梅竹雙清紋湯匙

款識："慎德堂製" 四字雙行楷書款
長18厘米

慎德堂始建于道光十年（1830），次年落成，是道光皇帝在圓明園内的一處重要的生活行宮，其晚年主要生活于此。以"慎德堂製"款爲代表的堂名款在道光年間盛極一時，相較于同期官窯作品，製作水準堪稱精致。在許之衡《飲流齋説瓷》云："慎德所以鼎鼎有名，蓋其瓷質之白，彩畫之精，固足頡玩御製也。"

本品匙爲長彎柄，柄頭作如意形，匙底四個支釘痕；整器胎骨白膩如凝脂，設色淡雅，通體施白釉，以金彩勾邊外，滿飾藍料冰裂紋，内外壁均飾梅竹紋，紅梅嬌嫩嫵媚，又有翠竹横欹而出，梅竹相隨相伴，風姿盡顯。梅與竹暗喻堅强、謙虚的品格，于洋彩特有的柔美格調中各臻其妙，清朗的布局更添賞心悦目，美不勝言。

湯匙爲日用之品，但因其極易損壞，故完整傳世不多。此道光梅竹羹匙製作精美考究，端莊秀雅，寓意吉祥，實乃極爲難得之收藏珍品。

展覽：
《慎修思永——清代道光御窯瓷器展》，中國嘉德、中海巨門，2023年。

出版：
《慎修思永——十九世紀的中國瓷器·道光御窯篇》，文物出版社，2024年12月，頁282，圖55。

清道光 粉彩蓮枝蓮瓣紋湯匙一對

款識：＂慎德堂製＂ 四字雙行楷書款
長17.8厘米

來源：
香港蘇富比，2019年5月30日，Lot 771。

　　本品長彎柄，仿荷花之態，極具裝飾美感，匙柄上施綠彩并描點，仿荷花花莖，匙內外繪粉彩荷花瓣，其上以波浪綫條裝點，摹仿花瓣紋理脉絡。匙邊以金彩勾邊，淡雅之餘又顯華貴富麗。匙底有支釘支燒痕迹，并于近匙柄處以礬紅書＂慎德堂製＂四字雙行楷書款。

　　根據該器款識特徵，當屬道光十六年（1836）或十七年（1837）製品，但該二年貢瓷中羹匙名稱與此不符，因此推測爲傳辦製品。此類以整體蓮花造型裝飾盤碗者見諸前朝御窯製品，這對羹匙的裝飾或即由此摹仿而來。此外，道光十六年端陽貢也曾生產類似裝飾的蓋碗，與本品生產相先後。在道光朝大運瓷器中也有相似裝飾的蓋碗和盤，均可相互比較。

　　慎德堂始建于道光十年（1830），次年落成，是道光皇帝在圓明園行宮中的主要生活場所，因此慎德堂內部陳設及日常用具的擇選絕非尋常器物可比。《清宮瓷器檔案》的呈貢檔進單中常見進貢御瓷安于慎德堂某處的詳細記載，并最終有了＂慎德堂＂款專用御瓷的出現。＂慎德堂＂款瓷器可爲瓷史之名品，其式樣精妙，品質絕佳，絕非尋常道光官窯瓷可比，向爲藏家所重。

清道光 粉彩嬰戲圖碗

款識："慎德堂製" 四字雙行楷書款
口徑14.4厘米

據清宮瓷器檔案記載，此式樣爲道光十五年（1835）皇帝萬壽節所貢，于道光十五年八月初九日進貢，計有"十六子大碗二十件，中碗二十件，五寸碟三十件，九寸盤十件"，本品盤碗即爲其中的"十六子中碗"和"十六子五寸碟"。故宮博物院除藏有與本品相同的"十六子五寸碟"外，另見"十六子大碗"一項，可資對照。

此碗彩繪傳統十六子嬰戲圖樣，碗外壁童子身着彩衣，分爲若干組于草地之上戲耍玩鬧，或摸魚，或放爆竹，或手執寶磬、荷花、桂枝、佛手、壽桃等吉祥之物，坐立群像均靈動可愛，童趣盎然。四周襯以樹石，畫面疏朗有致。

明清兩代瓷器常以嬰戲爲題材作設計，形式多樣，然十六子是其中最爲特殊的一種。十六子源于"四妃十六子"，四妃代表了四種美德，也是自唐代一直延續到清代的後宮等級制度之一，分別爲"貴、德、淑、賢"，而十六子常常與四妃結合在一起，代表舜向堯推薦的十六賢臣，因各有大功，皆賜姓氏故稱十六族。四妃十六子寓意天下安定祥和，明清之際，十六子常常作爲一個獨立畫片存在，引申爲多子多孫之意，成爲御窯瓷器中常見的題材。

來源：
北京誠軒，2020年8月17日，Lot823。

展覽：
"慎修思永——清代道光御窯瓷器展"，中國嘉德、中海巨門，2023年，編號15。

出版：
《慎修思永——十九世紀的中國瓷器·道光御窯篇》，文物出版社，2024年12月，頁214，圖21。

參閱：
《故宮博物院藏慎德堂款瓷器》，故宮博物院編，故宮出版社，頁82—83，圖15。

故宮博物院藏 清道光粉彩嬰戲紋碗

清道光
紅地粉彩瑞鶴圖大碗

款識："慎德堂製" 四字雙行楷書款
口徑 22.5 厘米

　　碗敞口、弧壁、圈足。碗心光素，外壁滿施珊瑚紅彩爲地，描繪仙鶴三十九隻，白翅、丹頂綠足、黃眼、黑頸、黑尾，更有淡淡藍彩渲染羽毛，極爲傳神。畫片隱然分爲三組，每組十三隻姿態各异的仙鶴，或展翅翱翔，或回首顧盼，或傲然獨立，組成了一幅既連貫又有相互穿插呼應的群鶴圖卷。全器畫片仙氣飄飄，氣韵流動，仙鶴的聖潔長壽之意呼之欲出，頗有宋徽宗《瑞鶴圖》的畫卷意境。底部礬紅 "慎德堂製" 四字楷書款。

　　此式大碗尺寸與貢瓷不同，當爲傳辦燒造，據道光十五年（1835）六月初一日立《瓷器賬》記載，"道光十六年六月二十八日收紅地白裏飛鶴瓷海碗二件，紅地白裏飛鶴瓷大碗十件，紅地白裏飛鶴瓷中碗十件，紅地白裏飛鶴五寸瓷碟三十八件"，均爲慎德堂款，應燒造于道光十五年。本品屬其中 "紅地白裏飛鶴瓷海碗"，此外法國吉美博物館藏有一件 "紅地白裏飛鶴瓷大碗"。故宮博物院仍存有此式紅地飛鶴碗盤畫樣兩種，然已無實物見藏。

參閱：
《官樣御瓷——故宮博物院藏清代制瓷官樣與御窯瓷器》，紫禁城出版社，2007年，頁297，圖91。

清宮舊藏 紅地白鶴瓷盤圖樣　　　　清宮舊藏 紅地白鶴瓷碗圖樣

仙鶴

白翅、丹頂綠足、黃眼、黑頸、黑尾，淡淡藍彩渲染羽毛。

清道光
黃地粉彩瑞鶴圖大碗

款識："慎德堂製"四字雙行楷書款
口徑 17.5 厘米

　　碗敞口、弧壁、圈足，足內紅彩書"慎德堂製"四字楷書款。碗心光素，外壁滿施黃彩為地，以黑、白、紅三色描繪形態各異的丹頂鶴二十三隻，分為三層裝飾，上層飛鶴曲頸視，中層飛鶴顧盼回首，下層立鶴引頸仰望，但各自又不拘泥于一層之中，有相互穿插呼應的設計，故此碗外壁的畫片既可以稱為紋飾，亦是不俗的飛鶴畫卷。

　　此式大碗為皇帝萬壽所燒，據清宮瓷器檔案記載，于道光二十年（1840）八月初四日進貢"黃地仙鶴大碗二十件，黃地仙鶴中碗二十件，黃地仙鶴五寸碟三十件，黃地仙鶴九寸盤十件，黃地仙鶴羹匙十件"本品即為其中的"黃地仙鶴大碗"。另有故宮博物院藏有"黃地仙鶴大碗""黃地仙鶴中碗""黃地仙鶴五寸碟""黃地仙鶴羹匙"各一件，晚清時置于故宮誠肅殿，可資參考。

來源：
北京誠軒，2016年11月12日，Lot0818。

展覽：
"慎修思永——清代道光御窯瓷器展"，中國嘉德、中海巨門，2023年，編號29。

出版：
《慎修思永——十九世紀的中國瓷器·道光御窯篇》，文物出版社，2024年12月，頁232，圖30。

參閱：
《故宮博物院藏慎德堂款瓷器》，頁174—183，圖42。

清宮舊藏 清道光黃地軋道粉彩描金飛鶴紋碟、碗、羹匙

鶴是長壽的象徵，是僅次于鳳凰的『一品鳥』，傳説中它仙風道骨，爲羽族之長，享有千年壽命，故名仙鶴。仙鶴形態優美高潔神聖，有引得群鶴來朝，飛鳴栖止，道光皇帝非常喜歡仙鶴，在道光十六年（一八三六）就傳辦燒製了紅地仙鶴的盤、碗。

清道光
松石綠地粉彩描金蓮托八寶紋小碗

款識："大清道光年製" 六字三行篆書款
口徑 13.1 厘米

　　清代道光一朝前後 29 年，自鴉片戰爭後國力衰微。道光皇帝素以儉樸著稱，下令限制瓷器燒造，控制費用，有時入不敷出，無法支付御窰廠的正常開支，其燒造質量與數量日漸下降。然本器之工藝精湛，盡顯宮廷華貴之風，極爲罕見，應屬道光早期御窰精品。

　　本品乃摹銅胎掐絲琺瑯器而成，口微外撇，碗壁內收，下承圈足，胎質潔白細潤。通體施松石綠釉，色澤均凈，外壁以粉彩繪蓮花八寶紋，上下交錯展開，莖葉婉轉舒展，頗見柔美之姿，紋飾皆以金彩勾邊，筆法細致，工藝精湛絕倫，金彩輝煌奪目，諸彩絢麗濃妍，彰顯出皇家富麗堂皇的至尊氣質。其底亦施松石綠釉，以金彩書 "大清道光年製" 六字三行篆書款。

來源：
1. 關善明先生舊藏。
2. 新加坡佳士得，1997年3月30日，《養志堂收藏重要晚清御瓷》專場，Lot 258。
3. 五臺山人舊藏。
4. 中國嘉德，2011年11月13日，Lot 3100。

展覽：
"關氏所藏晚清官窰瓷器展"，香港中文大學文物館，1983年8月13日至9月25日，編號40。

出版：
1.《關氏所藏晚清官窰瓷器》，香港中文大學‧文物館，1983年，頁65，編號40。
2.《慎德明道——五臺山人藏清道光御瓷》，文物出版社，2001年，頁148—149，編號49。

此碗精絕之處在于以粉彩將銅胎掐絲琺瑯器質感表現得淋灕盡致，御窰工匠以松石綠釉摹仿銅胎掐絲琺瑯之色地，并以金彩畫骨，勾勒花紋輪廓綫框，帶出鎏金掐絲的質感，而卷草上的紅、黃、綠三彩質感硬朗深沉，也是掐絲琺瑯常見的顏色，極爲寫實。底款不以礬紅、青花書寫，而是填滿松石綠釉後填刻描金年款，這也是仿掐絲琺瑯器的特徵及制式，可見匠工之細微。

　　以瓷仿銅胎掐絲琺瑯器之技法創于乾隆，後嘉、道二朝沿襲燒造，縱觀以上三朝御瓷之中，運用此法俱爲品格不凡者。現存道光朝御瓷運用此法者寥寥可數，多爲琢器或蓋盒之類，若如碗類僅見本品一例，可貴之至。且本品來源顯赫，爲關善明先生舊藏，1983年在香港中文大學文物館展覽，其後1997年于新加坡佳士得售出，由五臺山人入藏并出版。流傳有序，頗爲珍貴。

清道光
粉彩蓮托八寶紋大碗

款識："慎德堂製" 四字雙行楷書款
口徑 17.7 厘米

　　據清宮瓷器檔案記載，道光二十三年（1843）年貢進 "八吉祥綠花大碗二十件，八吉祥綠花中碗二十件，八吉祥綠花湯碗二十件，八吉祥綠花飯碗二十件"，本品即爲其中的 "八吉祥綠花大碗"。

　　本品敞口、圈足，足内底部以紅彩書 "慎德堂製" 四字楷書款。碗内光素無紋，外壁近足部以嫩綠彩勾金描繪纏枝蓮紋，蓮紋之上繪洋彩佛教八寶紋樣。紋飾構圖錯落有致，端莊大氣。紋飾繪畫筆法細膩，彩料亮麗。此紋飾多見于盤上裝飾，而本品在傳統紋飾基礎上，把原本單一的紋飾進行多層重疊，纏枝蓮紋與八吉祥紋組合裝飾，更增添些許尊貴典雅。

慎德
堂製

清道光 粉彩紅梅金蘭紋大碗

款識："慎德堂製" 四字雙行楷書款
口徑17.3厘米

參閱：
《慎德明道——五臺山人藏清道光御瓷》，文物出版社，2011年，頁217，編號80。

　　據清宮檔案記載，本品爲道光十五年十二月二十日九江關監督德順所進 "梅蘭大碗"，置于慎德堂明殿。碗形周正，外壁以粉彩繪梅蘭圖，兩株梅樹枝幹遒勁，枝頭寒梅俏立，簇簇蘭花盛放，生機勃勃。此紋樣亦見于故宮博物院藏清道光 "慎德堂製" 紅地白梅花紋蓋碗，極有可能據同一粉本而繪。

　　"慎德堂製" 瓷器專屬道光皇帝御用，本品紋飾精妙，梅幹用濃淡墨色勾勒皴擦，自然過渡擬樹皮之態，蘭花葉片則以深淺兩種綠色表現陰陽嚮背，彩料顏色清新，施金彩繪制蘭花花朵，增添富麗氣息，精細程度與藝術效果均屬道光粉彩瓷中的上乘佳作。

　　故宮博物院藏《道光帝行樂圖》軸，爲宮廷畫師所繪，表現道光帝與皇子、公主共享天倫的情景，畫幅中央鈐 "慎德堂寶"。本品紋飾與位于畫面最右側的梅樹、蘭花頗爲肖似，同爲當時工匠、畫師爲迎合帝王審美而創作。

　　目前所見絕大多數 "慎德堂製" 款識爲紅彩四字楷書款，此一式樣乃出自道光皇帝欽定。清宮檔案中有明確之記載："道光十三年八月十九日……傳旨瓷爹斗一件，着照此樣要黃瓷裏白燒造六十件，内慎德堂製款三十件……俱要楷書字。" 所用顏色亦有旨意："道光十四年二月二十二日……太監沈魁傳旨……九江呈進瓷器款，慎德堂製要紅字，欽此。" 無論是以上皇帝本人巨細靡遺的要求，還是燒成後使用、陳設于慎德堂，都説明 "慎德堂製" 款瓷器乃道光皇帝御用之物，代表當時御窯廠製瓷的最高水平。

五臺山人藏 清道光 粉彩紅梅金蘭紋大碗

清道光 粉彩紅梅金蘭紋大碗

款識："慎德堂製"四字雙行楷書款
口徑17.4厘米

整器胎釉精良，構思獨特，紋飾精妙；梅幹用濃淡墨色勾勒皴擦，自然過渡擬樹皮之態，蘭花葉片則以深淺兩種綠色表現陰陽嚮背之效，彩料顏色清新，蘭花花朵施金彩繪製，增添富麗氣息，精細程度與藝術效果均屬道光粉彩瓷中的上乘佳作。

故宮博物院藏《道光帝行樂圖》軸，爲宮廷畫師所繪，記錄了道光帝與衆皇子、公主歡聚行樂的情景，場景當爲圓明園，畫幅中央鈐"慎德堂寶"印。本件紋飾與位于畫面最右側的梅樹、蘭花頗爲肖似，代表了晚清的宮廷繪畫風格。

傳世可見"慎德堂製"款識，多以礬紅彩書之，本品外底心即以礬紅書"慎德堂製"四字雙行楷書款。據《清檔》載："道光十四年二月二十二日……太監沈魁傳旨……九江呈進瓷器款，慎德堂製要紅字，欽此"，應爲此一書款方式之緣由。慎德堂瓷器的燒製頗爲嚴謹，其形制、樣式皆多源于皇帝本人巨細靡遺的要求，重要程度及御用性質非同時期傳統大運瓷器所能比擬。

參閱：
《慎德明道——五臺山人藏清道光御瓷》，文物出版社，2011年，頁216—217，圖80。

五臺山人藏 清道光 粉彩紅梅金蘭紋大碗

　　據清宮檔案記載："道光十六年十一月十八日員外郎那隆阿太監馬忠來説，太監沈魁交紅梅金蘭花瓷碗一件（慎德堂款），傳旨將瓷碗配做銀蓋件，銀蓋比碗口微大些，按旗杆頂圍，旗杆頂二三分外掏三分見圓透軲轆錢四個。欽此。"此處所提"紅梅金蘭花瓷碗"，即指本品此類。

　　本件碗形周正，敞口，弧腹，下承圈足。外壁以粉彩繪梅蘭圖，兩株梅樹枝幹遒曲，枝頭寒梅俏立，樹下簇簇蘭花盛放，生機勃勃。孔子言："芝蘭生幽谷，不以無人而不芳，君子修道立德，不爲窮困而改節"，賦予蘭花以高尚的人格特徵；而梅花一類，以其不懼嚴寒的堅韌品格，自古備受文人墨客所青睞，本品將二者融彙于畫面之中，映襯帝王高潔的文化品位。

清道光 粉彩描金十八羅漢圖大碗

款識："慎德堂製"四字雙行楷書款
口徑 17.5 厘米

　　本器爲清道光御窯"慎德堂"款瓷器中存世較爲少見的精品佳作，與清宮舊藏道光"慎德堂製"款粉彩十八羅漢碗造型、紋飾、款識完全相同，據九江關呈貢檔記載，曾燒造并進貢"十八羅漢大碗二十件、十八羅漢中碗二十件"，此器可與呈貢檔相互印證，頗爲珍貴。

　　此碗敞口、弧腹、下承圈足，造型典雅，胎釉潔净細潤，外壁通景繪十八羅漢圖，襯以山石樹木、樓臺亭橋，構圖疏密有致，畫工精準傳神，粉彩加金彩繪飾造就明艷華美之韵、富麗堂皇之象，十八羅漢身姿神態各异，氣氛歡愉，栩栩如生，呼之欲出，實爲難得一見的彩瓷佳器，殊堪寶藏。

　　本品底署"慎德堂製"四字礬紅楷書款，書法水平甚高，以側鋒書寫，筆道穩健而鋒芒凌厲，款字結構跌宕多姿，富有變化，可見運筆之人熟知用筆之妙，符合古人所言"正以取勁，側以取妍"之道，爲有清一代堂名款瓷器之少見者。

來源：
1. 香港佳士得，1990年10月8日，Lot539。
2. 香港拍賣會，1994年4月3日，Lot182。

參閱：
《故宫博物院藏慎德堂款瓷器》，故宫博物院編，故宫出版社，2014年，頁74—77，圖13。

故宫博物院院藏 清道光粉彩描金十八羅漢圖碗

據清檔記載，慎德堂爲圓明園九州清晏內的一組建築。道光十年（1830），道光皇帝擇九洲清晏西部之清暉閣旁邊原魚池之地添建了五間三卷大寢宮，曰：慎德堂，次年落成之後，道光皇帝常年在此園居。清宮舊藏《喜溢秋庭》畫軸上，曾詳細描繪過道光皇帝在慎德堂內的生活場景，畫卷左上角鈐"慎德堂寶"印一枚。旻寧曾專門寫一篇《御製慎德堂記》文（收錄在道光《御製文餘集》），反復強調了自己修建慎德堂的目的，是爲"崇儉去奢，慎修思永"。

道光十二年（1832）始，道光皇帝對慎德堂營建不遺餘力，每年三度御貢瓷器當中就有兩批被送往慎德堂安放使用，對照檔案記載與傳世實物發現，慎德堂款器皿主要出自這些御貢瓷器當中。道光一朝御窯廠的燒造制度如前，由于使用對象的不同，道光朝官窯瓷器可以分爲兩大類：大運瓷器和御貢瓷器。大運瓷器是清宮爲了滿足日常需用、陳設而必備的器皿，每年燒造有明確的數量、品類要求，燒造大運瓷器是御窯廠的主要任務。御貢瓷器則是由九江關監督在御窯廠精心燒造專門供道光皇帝御用的器皿，其數量少，質量精，紋飾和造型均不同于大運瓷器，是道光官窯的精華。一年三貢，分別于端陽節（農曆五月初）、萬壽節（農曆八月）、年節（農曆十二月底）這三個節日前進宮。御貢瓷器的特點就是品類少、質量精、數量罕，每一任督陶官燒造的器物甚少重複，成爲道光御瓷的卓越代表。

清道光
粉彩纏枝蓮托八寶紋大碗一對

款識："慎德堂製"四字雙行楷書款
口徑　17.7厘米

據道光《貢檔進單》記載，"道光二十三年（1843）十一月十九日，九江關監督圖璧恭進……八吉祥綠花大碗二十件，八吉祥綠花中碗二十件，八吉祥綠花湯碗二十件，八吉祥綠花飯碗二十件"（年貢），本品即爲其中的"八吉祥綠花大碗"。

本品敞口、弧壁、圈足，足內紅彩書"慎德堂製"四字雙行楷書款。碗外壁近足部以綠彩勾金描繪纏枝蓮，其上繪洋彩佛教八寶紋樣，其間綴以各式瓔珞。整器紋飾構圖飽滿，筆法細膩，彩料亮麗。此式設計多見于大運瓷器中的八吉祥盤，工匠巧思，將原本在盤內壁的設計改換于碗外壁裝飾，又增添些許華麗裝飾，更顯富麗堂皇，別具一格。

展覽：
"慎修思永——清代道光御窰瓷器展"，中國嘉德、中海巨門，2023年，編號34。

出版：
《慎修思永——十九世紀的中國瓷器·道光御窰篇》，文物出版社，2024年12月，頁240，圖34。

清道光

茶葉末釉小口尊

款識：“道光乙巳夏定府行有恒堂製” 十二字三行楷書款
高27厘米

　　此尊體態飽滿，唇口，短頸，豐肩鼓腹，隱圈足，底中心暗刻“道光乙巳夏定府行有恒堂製”十二字三行楷書款。尊通體滿施茶葉末釉，釉面平整光潤，質地細膩勻净，爲道光時期單色釉精品。此尊典雅雋秀的器型與潤澤瑰麗的色釉完美地結合，達到“合于天造，厭于人意”的藝術境界，富有天然韵致，體現了行有恒堂主人非凡的審美情趣與“大道至簡”的藝術境界。耿寶昌先生在其著作《明清瓷器鑒定》一書中即有本件相同器型之記録，命名曰“小口尊”，底部落款“道光丁未春定府行有恒堂製”十二字紀年款。本品器型借鑒自宋代小口瓶，日本大阪市立東洋陶磁美術館收藏有一件北宋時期白瓷綉花牡丹唐草紋瓶，被作爲重要文化財産珍藏，造型極似本品，可證源流演化。“道光乙巳年（1845）”爲道光二十五年，此時中國社會正處于第一次鴉片戰争失敗之後的水深火熱之中，這一時期國家動蕩不安，景德鎮瓷器生産也深受波及，瓷器質量大幅下滑，就在這樣的社會氛圍中，定親王府專門定燒的瓷器依然能够保質保量，未見頹勢。如本件一般，文氣盎然又不失官氣風範。由是可見行有恒堂主人對瓷器設計與製作的嚴格要求與精益求精。

來源：
1.英國私人藏家舊藏。
2.北京保利，2015年6月8日，Lot9068。

參閲：
1.故宫博物院藏清道光粉彩折枝花卉罐底款。
　（編號：新00095952）
2.上海仲軒，2024年10月27日，Lot0701。

清宫舊藏 清道光粉彩折枝花卉紋罐　　　　上海仲軒 2024 秋拍 清道光窑變釉水呈

"行有恒堂"典故出自《周易・孔易闡真・大象傳》："君子以言有物，而行有恒。恒，有終也。行不妄行，行必有恒。行有恒者，有終之行，真履實踐，行必有成。""言有物"是語言規範，不信口開河，不胡言亂語。"行有恒"是做事持之以恒，不半途而廢，心志專一。

行有恒堂主人爲第五代定親王載銓（1794—1854），主要活動在道光、咸豐時期，爲道光股肱之臣，聲名顯赫、權重一時。初封二等輔國將軍，再晉封輔國公，授御前大臣、工部尚書、步軍統領、襲爵、晚年出掌宗人府，深得道光、咸豐二帝的信任，道光末年，受顧命。不僅如此，定府主人載銓雅好收藏，在當時還是盛名一時的皇家收藏大家。他在清代道光、咸豐二朝設計定製了大量的藝術品。"行有恒堂"是其專用的堂名款，故帶有"行有恒堂"款的器物即是親王定製作品。載銓工詩，富收藏，著有《行有恒堂集》，國家圖書館藏有道光戊申（道光二十八年，1848）九月刊印的兩卷本《行有恒堂初集》上，題寫"定邸定郡王著"。湯金釗、何春煦二人在開篇序文中，分別稱作者爲"行有恒堂"和"行有恒堂主人"。

有關載銓的史料，據《大清宣宗成皇帝實錄・卷三十七》記載，道光三年（1823）時載銓已官居"御前侍衛、正紅旗漢軍都統"，道光十四年任御前大臣及正黃旗侍衛大臣。道光十五年（1835）因其父奕紹六十生辰，皇帝加恩封載銓爲輔國公，不久之後便由禮部尚書調爲工部尚書。道光三十年（1850）奉道光帝遺詔，載銓爲顧命大臣。《大清文宗顯皇帝實錄》記載咸豐三年（1853）皇帝又委派"親王銜定郡王載銓等辦理巡防事宜"。咸豐四年（1854）九月，載銓病逝，由郡王追封爲親王，諡曰"敏"。

行有恒堂所在的定王府地址，最早見昭槤所撰《嘯亭續錄・卷四》"京師王公府第"之記載。定王府原爲巽親王府，府址在西四缸瓦市一帶。在《京師坊巷志稿》中，也有相同的內容記載。第一代定親王是乾隆皇帝長子永璜，乾隆十五年（1750）永璜病逝，追封爲"定安親王"；第二代由永璜長子綿德承襲，後綿德獲罪，其定郡王爵位由永璜二子綿恩承襲；三代定親王是綿恩，乾隆五十八年（1745）十二月晉封親王，道光二年（1822）卒，追封爲"定恭親王"；第四代定親王是奕紹，綿恩子，原襲貝勒，道光二年六月晉封，道光十六年（1836）卒，追封爲"定端親王"；第五代定親王是載銓，奕紹子，道光十六年襲定郡王爵，追封爲"定敏親王"。

由於清代皇族貴戚深受漢人文化影響，他們習書作畫并吟詩賦文，各有自己的齋堂號，以附風雅。載銓年少好學，且以文名，很早就有堂號，乃風氣所至，實屬自然。載銓在藝術上精益求精，故"行有恒堂"款的器物頗有宮廷御用之風。此類作品精工細作，工藝上乘，製作水平與官窯器不相上下，甚至某些精品更勝官窯一籌。某種程度上講，這種帶有堂名款識的瓷器是皇親貴戚的一種特權象徵，也是家族顯赫的一個標志。

昔年車馬熙攘的定王府，如今已難以尋覓，唯有定府行有恒堂款瓷器，不但爲道光中期景德鎮燒製的定王府瓷器留下實證，而且在經歷歲月長河衝洗之後，更加光彩悅目，歷久彌新。

清道光 青釉金彩吉慶連綿紋四方琮式瓶

款識：＂慎德堂製＂四字雙行楷書款
高27.9厘米

查閱清宮檔案發現本品爲道光二十年（1840）四月富泰進貢，清宮檔案描述爲＂宋釉描金四方瓶＂一對，置于慎德堂東側。此品種衹在道光二十年燒製一對，本品即爲其中之一，彌足珍貴。

本品圓口、方身、直腹、圈足，口與足大小相若。全器滿施仿宋青釉，釉質肥厚，工藝考究，不爲多見。瓶通體以金彩描繪紋飾，器身上半部繪如意雲頭紋，中部繪纏枝寶相花紋是傳統的清代瓷器裝飾紋樣，主要將象徵富貴的牡丹，或象徵純潔的蓮花，以及象徵堅貞的菊花爲主體，將花頭作變形的藝術處理，在花朵邊沿附加連綿不斷的卷葉，象徵豐滿繁盛。寶相花上飾金彩三戟耳，添綬帶及寶磬裝飾，寓意＂吉慶升平＂，體現清代＂飾必有意，意必吉祥＂之裝飾特徵。腹部下方轉折處繪兩道變形螭龍紋，將腹部四方的寶相花紋獨立分開，起到了清晰明朗的構圖風格。瓶整體色彩豐富，由于高超的金彩繪畫工藝，使得該瓶的整體圖案不僅沒有通常所見的密不透氣之感，反而突出表現了圖案的立體感。

對比傳世實物可知，道光朝官窯的精華爲御貢瓷器，而慎德堂款器皿又是御貢瓷器之最。本品即爲慎德堂款的御貢瓷器，燒造何種式樣的慎德堂款瓷器須經道光皇帝御覽批準後方可，因此慎德堂款瓷器最能體現道光皇帝的審美性格和藝術修養。

出版：
《慎修思永——十九世紀的中國瓷器‧道光御窯篇》，文物出版社，2024年12月，頁178，圖005。

清道光
白釉浮雕模印八寶瓔珞紋飛龍耳活環四足洗

款識："大清道光年製" 六字三行篆書款
長 26.8 厘米，口徑 20.4 厘米

查閱清宮檔案，道光七年（1827）五月二十四日内廷曾傳辦金魚草渣斗、白瓷盅、瓷連蓋五層圓盒、白瓷洗子、白瓷螺螄碟等件。從宮廷用瓷習慣來看，日常較少使用白色器皿，但這次傳辦顯爲帝后使用之件，其中白瓷洗子較有可能就是本品，在道光御窯瓷器中頗爲特殊。

該洗器型周正，威嚴莊重，形制慕古，有商彝周鼎之風。胎釉精良，組件精致，紋飾精美，摹印精神代表了道光御窯瓷器最高的設計和工藝水平，從款識來看，當屬道光早期製品。

洗器身似碗形，敞口、弧壁、平底，下承四如意足。兩側置翼龍耳，雙翼橫置于碗沿，頸各懸活環一枚。器身滿施白釉，外壁模印瓔珞紋一周，下懸蓮花、葫蘆、雙魚等，每朵蓮花中心印有一"喜"字。底部鈐印"大清道光年製"六字篆書款。

來源：
1.香港蘇富比，1980年11月26日，編號339。
2.新加坡佳士得，1997年3月30日，養志堂專場，編號307。
3.香港蘇富比，2012年4月4日，編號3115。

展覽：
1.關氏珍藏晚清官窯瓷器，香港中文大學文物館，1983年8月13日—9月25日，編號82。
2.關氏珍藏晚清官窯瓷器，臺北歷史博物館，1985年，編號82。
3. "慎修思永——清代道光御窯瓷器展"，中國嘉德、中海巨門，2023年，編號47。

出版：
1.《關氏珍藏晚清官窯瓷器》，香港中文大學，1983年，頁93，圖82。
2.《香港蘇富比二十周年》，兩木出版社，1993年，頁237，圖346。
3.《紫禁城的記憶：圖説清宮瓷器檔案·文房卷》，國家圖書館出版社，2016年，頁72，圖32。
4.《風雨游藝録》，中華書局，2022年5月，頁170—171，圖39。
5.《慎修思永——十九世紀的中國瓷器·道光御窯篇》，文物出版社，2024年12月，頁314，圖70。

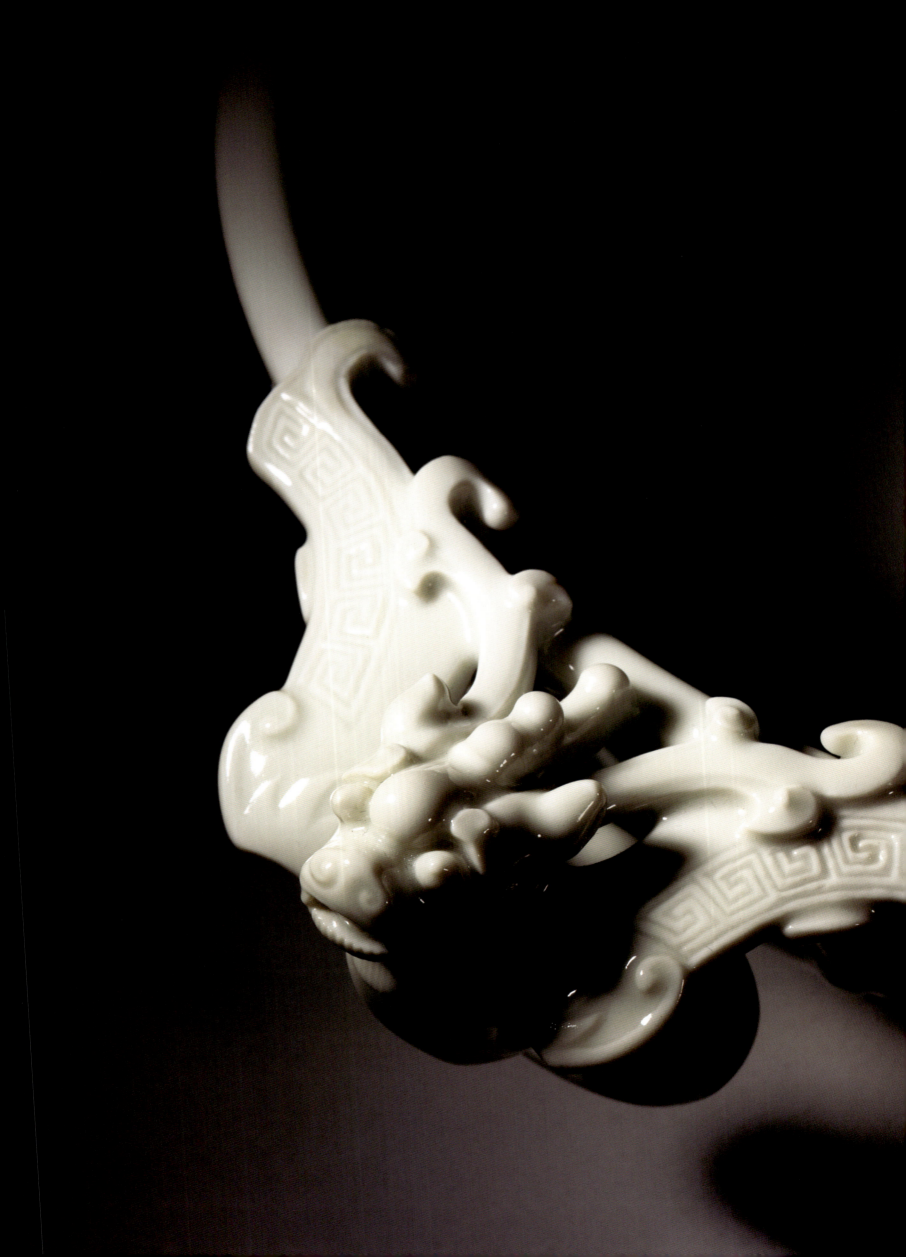

清道光
粉彩庭院嬰戲圖吉慶瓶

款識:"慎德堂製" 四字雙行楷書款
高28厘米

檢閱道光十三年（1833）以後的清宮檔案所示，道光十八年（1838）五月初三日端陽節御貢瓷器表中的"九子吉慶瓶成對"正可與本品對應，爲九江關監督德順呈貢的御瓷，道光皇帝指示將其安置到慎德堂東廊陳設。

此吉慶瓶氣息清雅、彩繪妍美，爲道光朝清宮最尊貴之御用陳設瓷，雙耳巧飾點藍彩夔龍，簡約玲瓏，口沿彩繪松石綠彩如意雲頭紋一周，頸部以粉紅彩爲色地，前後對稱繪畫寶相花上承蝠紋，肩部與脛部均飾一道如意雲頭紋，爲腹部主題紋飾的出現界定上下範圍，一如手卷之絹邊。此式裝飾手法爲乾隆末期開始出現，嘉、道二朝最爲流行，舉凡所見最上品之御瓷琢器皆以此裝飾。腹部白地彩繪九子嬉樂圖，庭院之中諸童嬉戲于洞石、花樹之間，紅衣童子雙手伸入魚缸裏摸魚，神情愉悦，魚缸極爲寫實，爲青花纏枝蓮紋缸，缸裏三魚游動。整幅畫面以童子捉魚爲構圖之中心，其餘情景向兩邊展開:左側一童坐地上，手把二柿，緊隨一童持如意舞動，二者寓意事事如意。右側一童執蓮花，一童扛戟，戟上掛着玉磬，二者寓意吉慶連連。其餘四童，或是雙手持笙，或是懷捧蟠桃，或是握金元寶，或是點放鞭炮，場面熱鬧非凡，童趣蕩漾。另見庭院之中蒼松遒勁，叠石秀潤，極得佳韻，妝點得當，爲畫面之空間轉換增色不少。諸童頭梳髮髻，臉龐圓潤，體形豐腴，繪畫精細入微，神形俱佳，兼取成化、嘉靖二朝筆意，臉頰施以淡薄的淺紅彩渲染，使之接近皮膚原色，細潤如真。各人衣飾華麗，豐富多變，令人嘆絶。九童之衣飾皆無重複，而且一衣之中色彩轉換自如，竭盡畫匠之能事。所見衣褶綫條細勁流暢，與色彩配搭相得益彰。所敷設彩料精妍，于瑩潤嫩白的胎釉映襯下，絢麗而不失含蓄，風格淡雅清逸，與乾隆上品者不分伯仲。其底施松石綠釉，極爲勻净厚潤，中心署"慎德堂製"四字雙行楷書款，筆道清勁，鋒芒外現。

來源:
1.紐約蘇富比，2005年3月31日，Lot122。
2.五臺山人舊藏。
3.中國嘉德，2011年11月13日，Lot3106。

展覽:
"慎修思永——清代道光御窑瓷器展"，中國嘉德、中海巨門，2023年，北京，編號21。

出版:
1.《慎德明道——五臺山人藏清道光御賜瓷》，文物出版社，2011年，頁22—25，編號1。
2.《誰收藏了圓明園》，金城出版社，2013年，頁249。
3.《慎修思永——十九世紀的中國瓷器·道光御窑篇》，文物出版社，2024年12月，頁166，圖001。

參閱:
《故宫博物院藏文物珍品大系——琺瑯彩·粉彩》，上海科學技術出版社、商務印書館（香港）有限公司，頁235，圖210。

　　本品繪畫風格清雅怡人，所施粉紅色地爲道光皇帝最喜歡的顏色。道光皇帝一生崇尚儉樸，力戒奢華之色，在瓷器的製作方面的體現就是追求素雅清新，反感俗艷絢麗。道光二年（1822）五月十五日內務府向九江關下發道光皇帝的諭旨："九江關所進瓷器顏色、花樣均屬不佳，着寄信九江關監督，嗣後呈進瓷器素色着仿古用粉窑、哥窑，及青花白地者、其彩色着用霽紅色并五彩花樣者不得過艷，其洋彩及鼓出花樣之件着無庸呈進。"該諭旨傳達道光皇帝强調瓷器的裝飾需要素雅，不許過于濃艷的審美標準，其實就是對乾、嘉以來繁縟奢華之俗艷風尚的矯正，而且從往後燒造品類的檔案記載和傳世實物皆可證道光皇帝此諭旨確實産生了巨大的影響，指導着道光御瓷的裝飾格調。例如本品主題紋飾以白地爲背景，諸彩色澤柔和清雅，一改乾嘉御瓷濃抹重彩之做法，屬于符合道光皇帝審美的上佳之作。

　　道光一朝裝飾嬰孩題材的琢器燒造甚少，主要爲百子龍舟和庭院嬰戲兩類，尤以後者數量最罕，而且出現時間較晚。本品所裝飾帶摸魚情景的嬰孩嬉樂圖是明清御窑瓷器之經典題材，道光同類碗類燒造，唯見一例，爲故宮博物院典藏"清道光粉彩嬰戲圖碗"，亦署慎德堂製款，與本品構圖、畫意相近，殊爲珍罕。

　　德順，爲道光朝第七任督陶官，始任于道光十二年（1832）八月，離任于道光十九年（1839）八月，前後七年之久，是衆多督陶官當中成就較爲出衆者，熟知窑務，頗爲難得。作爲道光朝任期最長的督陶官，他深知道光皇帝的品位，因此追求淡雅而秀美的藝術效果必將成爲德順任內最大的任務。德順出任九江關監督伊始，恰逢慎德堂初成，對各項陳設瓷器需求頗多，因此早期的慎德堂款御瓷必由德順燒造，相信數量不在少數。

　　本品由時任九江關監督德順精心燒造而成，擷取前朝最喜慶吉祥的題材，彩料精妍，畫筆清新，屬于慎德堂款瓷器之中最上乘者，工藝之佳毫不遜色于乾隆者，氣韵之高雅更是直追雍正者之後塵。清人陳瀏《陶雅》稱道："慎德堂，爲道光窑中無上上品，足以媲美雍正。質地之白，彩畫之精，正在伯仲間。"

清道光 檸檬黃地梅竹雙清紋天球瓶

款識："慎德堂製" 四字雙行楷書款
高31厘米

　　本品長頸，鼓腹，臥足，瓶內及足內以松石綠地裝飾，底中心以紅彩書"慎德堂製"四字楷書款。瓶外部以檸檬黃為地，以粉彩繪製香梅翠竹均勻分布，紋飾清新脫俗，典雅大方。道光一朝，御瓷紋樣雖以有序不紊、色彩鮮明稱著，相類紋飾可參考道光篆款紅地梅竹香爐。

來源：
1. 放山居，艾弗瑞·莫里森（1821—1897）收藏。
2. 蘇格蘭艾雷島馬格代爾爵士收藏。
3. 倫敦佳士得，1971年10月18日，Lot75。
4. Jen Chai Art Gallery，紐約，編號A531。（戴潤齋公司標簽）
5. 香港蘇富比，2010年10月7日，lot2129。

展覽：
"慎修思永——清代道光御窯瓷器展"，中國嘉德、中海巨門，2023年，編號15。

出版：
1.《誰收藏了圓明園》，金城出版社，2013年，頁235。
2.《慎修思永——十九世紀的中國瓷器·道光御窯篇》，文物出版社，2024年12月，頁180，圖006。

　　檸檬黃釉是創燒于雍正時期的高温黃釉品種，此黃釉得益于西洋進口原料——氧化銻作爲呈色劑。此高温黃釉色彩嬌嫩，黃中閃翠，釉層呈乳濁狀，整體柔和温潤，嬌俏可人，色如檸檬，故稱檸檬黃釉，清代文獻檔案中稱之爲"西洋黃"亦或者"洋黃"。檸檬黃釉以雍、乾時期燒造最盛，此後數量逐漸減少，直至道光時期已不多見。梅與竹暗喻堅强，謙虛的品格。梅、竹于洋彩特有的柔美格調中各臻其妙，清朗的布局更添賞心悦目，頗具雍正粉彩之風骨，美不勝言。此飾或受雍正琺琅彩黃地畫梅枝所啓，可參照故宫博物院藏雍正碗或臺北故宫博物院藏雍正黃地梅花圖碟。

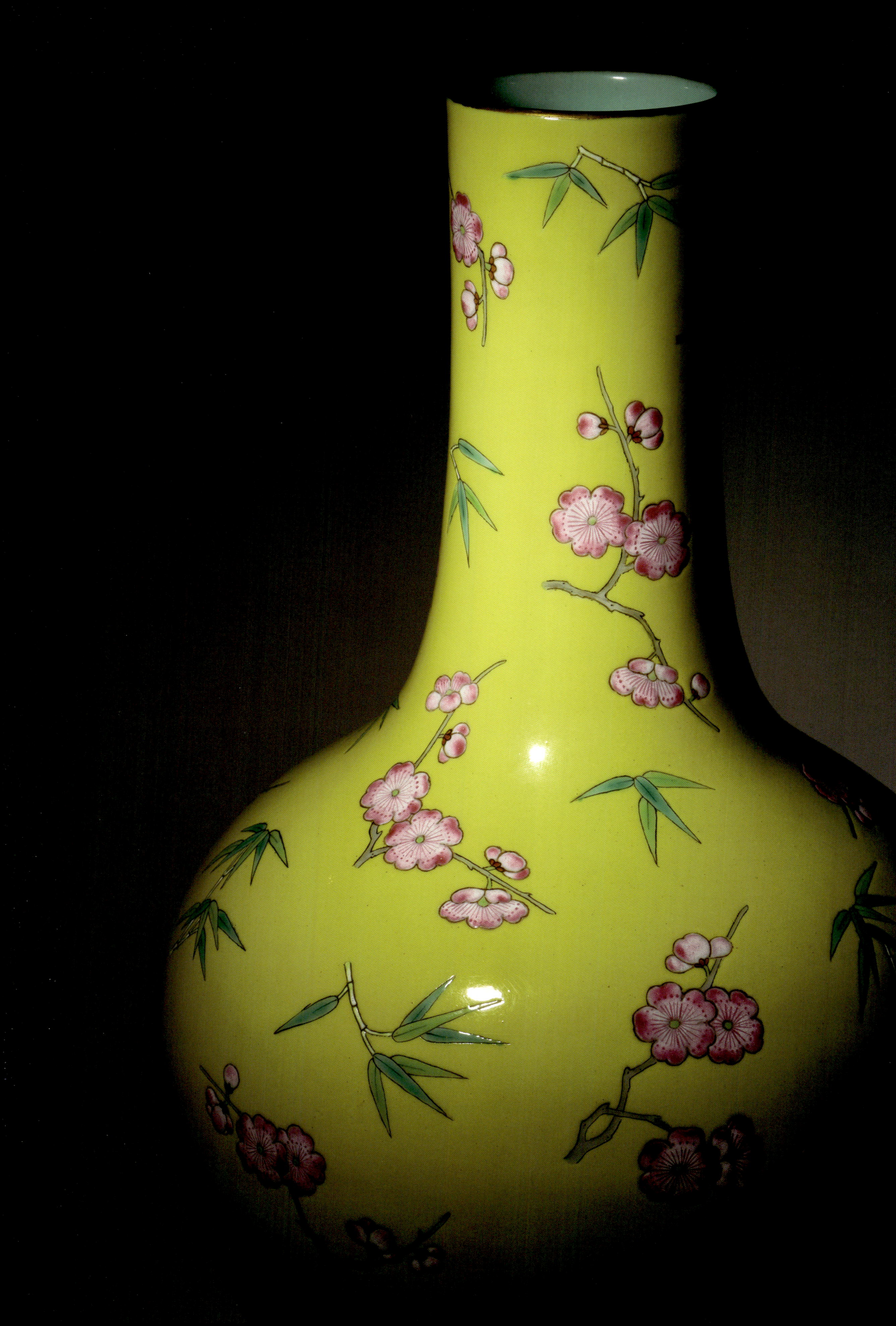

清道光
粉彩繡球桃花紋天球瓶

款識："慎德堂製" 四字雙行楷書款
高31厘米

　　本品于繪畫胎釉、彩料署款，無一不精，彰顯道光御瓷之非凡品格，以此觀之，可見前賢所言不虛。一如陳瀏在《陶雅》中稱道："慎德堂爲道光窰中無上上品，足以媲美雍正。質地之白，彩畫之精正在伯仲間。"甚有"慎德堂系道光官窰，而價牟雍乾之高，亦一時風尚使然"。慎德堂爲道光皇帝在圓明園行宮中的主要生活場所，必定需要大量陳設和日常用具。道光十二年始，宣宗皇帝對慎德堂内部陳設的營建更是不遺餘力，就瓷器一項而言，每年三度貢瓷當中就有二次被送往慎德堂安放使用，可見宣宗皇帝對此之重視，最終直接導致"慎德堂製"款御瓷的出現，可爲瓷史之名品。

　　作爲御窰的特殊品類，應爲皇帝審定後方才燒造，寄托了帝王的某種情懷。于清宮畫師中，郎世寧也繪過類似桃花畫片作爲裝飾，其桃花渲染過渡自然，西洋透視感强烈，具有很寫實的視覺衝擊力。

　　由此可見宮中繪畫技法一脈相傳，本品外腹壁繪以桃花繡球綻放盛開之姿，精妙巧致，工筆之中見寫意，展旻寧之清雅品位。道光帝致思藝文，力與工巧物之研發，特別是御窰從圖樣畫片，以致往後每一工序，皆一絲不苟，監管嚴密。本品桃花畫工入微，施彩精致，盡展御窰力臻完美之風。畫面爲繡球與桃花，結合時令花卉之功用，應是清代宮廷春季時節擺置室内，應時應景。

　　桃花見瓣瓣盛開，淺嫩淡雅，繡球落落大方，淺翠茁草，予人追尋流水之際，思緒已遠去，靜靜體會其寂謐，收獲不可言喻之意趣。此器紋飾講究"文、雅、精、細"，設色搭配參考古畫，得其精髓，故能運用自如。看似簡潔素雅，實則極盡奢華。

清道光 黃地粉彩端午賽龍舟圖雙耳瓶

款識："慎德堂製" 四字雙行楷書款
高28.9厘米

　　本品造型雍容端莊，兩側飾雙夔鳳耳，頸部于黃地上繪纏枝蓮紋，間雜吉慶紋飾。肩部一道釉上藍彩萬字紋。腹部以如意雲頭紋作簾，通景繪端午龍鳳舟圖，一龍一鳳兩艘裝點華麗的大舟于山間水面爭渡，岸邊童子嬉戲吶喊，熱鬧非凡，一派歡快的節日氣氛。瓶內及底施松石綠釉，底爲"慎德堂製"紅彩楷書款，以側鋒書寫，款字鋒芒凌厲，極其高妙，是慎德堂款經典式樣。

來源：
1.香港蘇富比，1992年4月29日，lot185。
2.香港懷海堂珍藏。

展覽：
"好古敏求──敏求精舍四十周年紀念展"，香港藝術博物館，2001年。

出版：
1.《好古敏求──敏求精舍四十周年紀念展》，香港藝術博物館，2001年，頁301，編號191。
2.《機暇清賞──懷海堂藏清代御窰瓷瓶》，香港中文大學出版社，2007年，頁388─389，編號14。

參閱：
《故宮博物院藏慎德堂款瓷器》，故宮博物院編，故宮出版社，2014年，頁50─53。

故宮博物院院藏 清道光 粉彩描金龍舟紋盤

故宮博物院院藏 清道光 粉彩描金龍舟紋碗

故宮博物院院藏 清道光 粉彩描金龍舟紋螭耳瓶

本品爲清檔所記載的道光三十年（1850）五月由督陶官士魁進貢之"龍鳳舟觀音瓶"，士魁爲道光朝倒數第二任督陶官，任職時間爲道光二十七年（1847）初至三十年六月。本品屬該年第一批端午節前進上的御貢瓷器，腹部所繪龍鳳舟紋，亦與端午相合。

與本品造型、紋樣皆相類者，見有故宮博物院藏慎德堂款藍地粉彩龍舟圖瓶，應同屬道光年間端午節御貢瓷器。又有同繪龍鳳舟圖者，如故宮博物院藏"慎德堂製"粉彩碗，經查爲道光十五年（1835）四月督陶官德順進貢，檔案名"龍舟競渡茶蓋碗"，原陳列于慎德堂東廊。而與本品同造型者，故宮博物院藏一例粉彩同慶豐登福壽尊，爲道光十四年（1834）十二月德順進貢，原陳列于慎德堂明殿。

道光帝崇尚節儉，反對奢靡。據統計，其在位三十年間，御貢琢器數量很少，慎德堂款琢器則更爲稀少。本品于道光朝檔案中有明確記載，是認識道光官窰的重要實物例證，作爲道光御瓷的上乘之作，品質直追雍、乾，歷經近二百年動盪留存至今，殊爲難得。

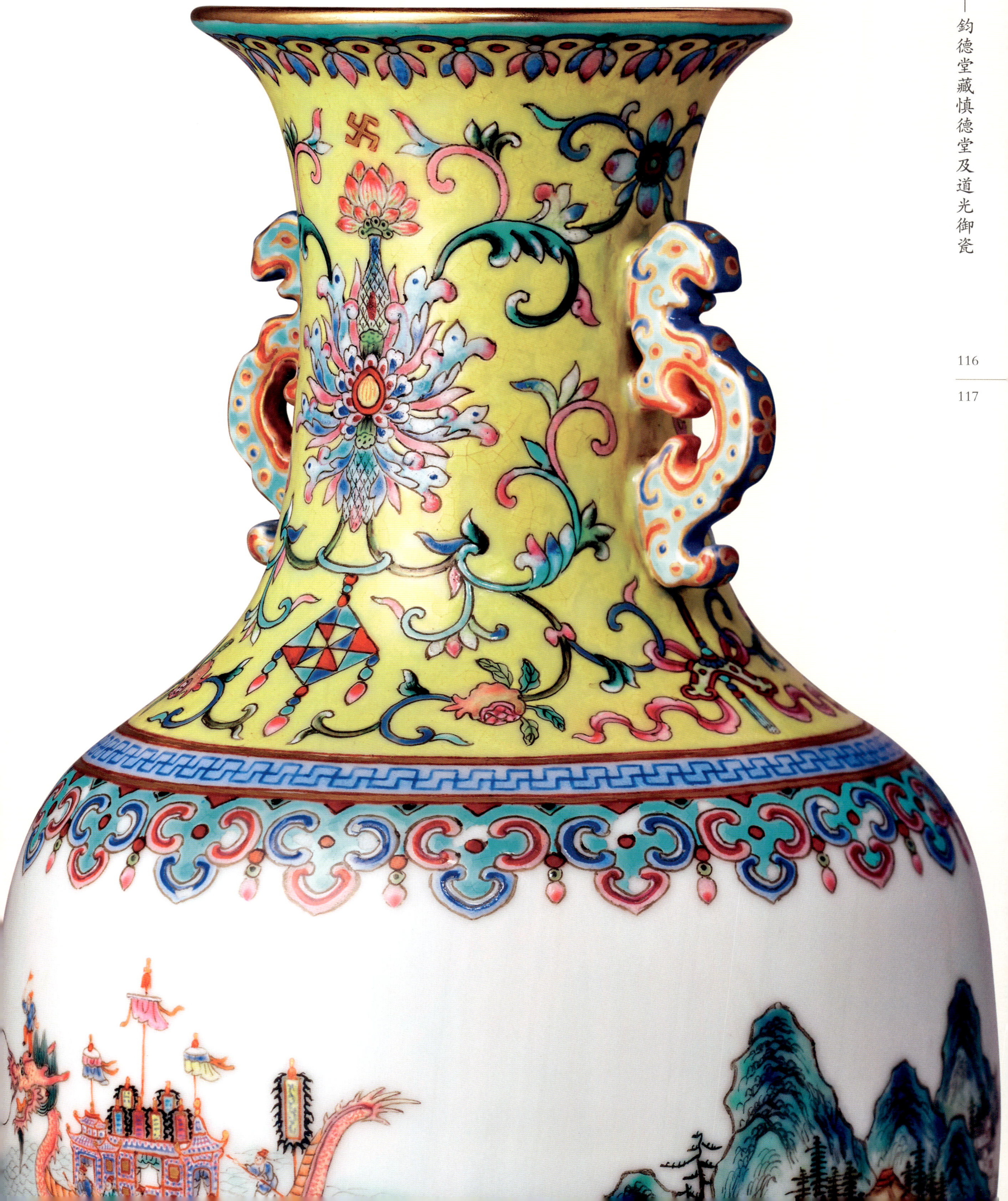

清道光 青花蒼龍教子圖瓶

款識："慎德堂製" 四字雙行楷書款
高 29.5厘米

來源：
1.英國藏家舊藏。
2.北京保利，2016年12月6日，Lot5844。

　　嘉慶皇帝第二子，愛新覺羅·旻寧繼位後年號"道光"。道光朝處在清代中期，這也是國家逐漸平穩走向衰落的一個節點，道光二十年（1840）鴉片戰爭爆發後，社會矛盾日益加劇，國家財政越發空虛，景德鎮官窯瓷器的質量與數量均有大幅下降。但在此前，道光官窯的品種、質量還是可圈可點的，尤其是道光帝爲自己在圓明園中定製的瓷器。因其理政、起居均在"慎德堂"，故以此堂名落款。清代皇帝御用器物大都以年號寫款，個別署有堂名款，而道光皇帝能爲園中一處居所定製器物，可見他是多麼重視此處，當然這其中也隱藏着他的政治理念與治國方針。

　　"慎德堂"建于道光十一年（1831），位于圓明園"九州清晏"之西，是由乾隆皇帝的書房"樂安和"等一組建築改建而成，這是道光皇帝在園內的主要活動場所，當時需要大量的陳設和日用器物，"慎德堂"款瓷器也就此應運而生。《道光十三年內務府活計檔》記載："八月十九日，主事那隆阿太監張得興來說：太監沈魁交金魚荇草瓷多斗樣一件，外黃裏白暗龍黃瓷盅樣一件，青花白地瓷碗樣一件。傳旨瓷多斗一件，照此樣要黃瓷裏白燒造六十件，內慎德堂製款三十件……"這便是已知的最早關于"慎德堂製"的記錄。

　　觀賞這隻青花雲龍瓶時，不禁使人聯想道光帝創作的《慎德堂記》，其中反復强調修建慎德堂的意圖，不斷點明"崇儉去奢，慎修思永"的主導思想。這件帶有皇帝個人色彩的御用之器，濃縮了清代轉變期帝王的保守與矛盾，國家整體的信心和實力。雖然"崇儉""慎修"沒能拯救大清帝國于危難，但對于他試圖力挽狂瀾的良苦用心，我們却能感同身受。

此件瓶口沿微撇，肩部圓潤，瓶頸與瓶身比
例協調，腹部至足上漸收，均受到嘉慶官
窯陳設瓶樣式影響，唯不設雙耳，更
顯流暢爽利。其上用青花繪製"雲龍
搶珠"，或俯衝而下，信心十足；或
立身怒吼，長嘯天際；抑或昂首欲前，
奮力一搏，氣氛之緊張悉被藝匠收于毫端。
論龍之形象尚有乾隆晚期青花龍紋遺韻，高額怒目，
須髮朗然，雖不及康雍時期龍紋威嚴，但也身形矯
健，面貌深沉。其畫工用筆規矩，暈染層次毫不含糊，
相較于一些晚清官窯含混無序，依然體現出官窯的
嚴謹風尚。青花發色藍中閃灰，色調柔和可人，胎
質潔白細膩，礬紅"慎德堂製"四字，其端莊秀逸
與道光皇帝書法如出一轍。

貳拾玖

清道光
粉彩嬰戲圖雙戟耳瓶

款識:"慎德堂製" 四字雙行楷書款
高25.2厘米

　　瓶淺盤口, 長頸, 長圓腹, 圈足。頸部兩側置巧飾點藍彩
蚰耳, 簡約玲瓏, 口沿飾松石綠地彩繪如意雲頭紋一周, 頸部
以粉紅為地, 前後對稱繪畫寶相花, 上承蝠紋, 肩部與脛部均飾
一道如意雲頭紋, 為腹部主題紋飾界定上下範圍, 一如手卷之絹
邊。腹部白地彩繪九子嬉樂圖, 庭院之中諸童嬉戲于洞石、花樹
之間, 左側一童坐地上, 手把二柿, 緊隨一童持如意舞動, 二者
寓意事事如意; 右側一童執蓮花, 一童扛戟, 戟上挂着玉磬, 二
者寓意吉慶連連; 其餘四童或雙手持笙, 或懷捧蟠桃, 或握金元
寶, 或點放鞭炮, 場面熱鬧非凡, 童趣蕩漾。

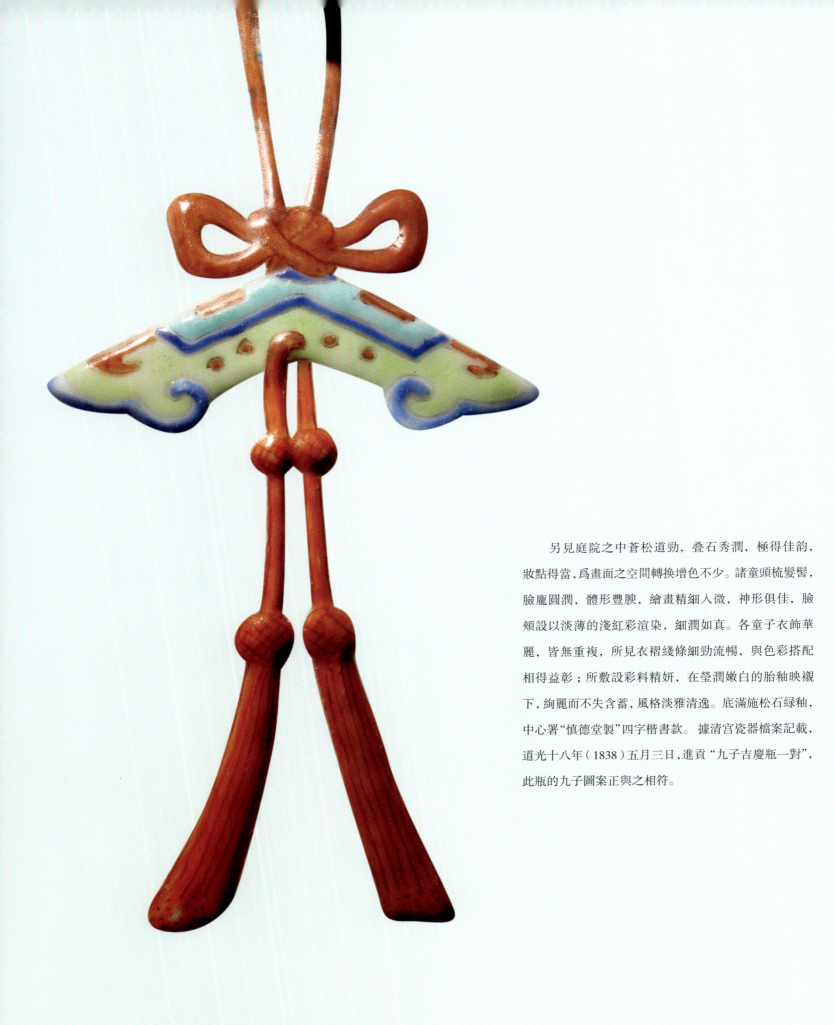

另見庭院之中蒼松道勁，叠石秀潤，極得佳韻，妝點得當，爲畫面之空間轉換增色不少。諸童頭梳髮髻，臉龐圓潤，體形豐腴，繪畫精細入微，神形俱佳，臉頰設以淡薄的淺紅彩渲染，細潤如真。各童子衣飾華麗，皆無重複，所見衣褶綫條細勁流暢，與色彩搭配相得益彰；所敷設彩料精妍，在瑩潤嫩白的胎釉映襯下，絢麗而不失含蓄，風格淡雅清逸。底滿施松石綠釉，中心署"慎德堂製"四字楷書款。據清宮瓷器檔案記載，道光十八年（1838）五月三日，進貢"九子吉慶瓶一對"，此瓶的九子圖案正與之相符。

清道光 粉彩纏枝寶相花紋花盆

款識："慎德堂製" 四字雙行楷書款
口徑 32.6 厘米，高 21.2 厘米

　　青花粉彩是清代官窯中較爲獨特的品種，以釉下青花和釉上粉彩構成紋飾的綫條和色彩，深沉與柔和并存，因此自乾隆時期初創開始，即裝飾于等級較高的陳設用器，彩料亦多與琺瑯彩或洋彩接近。有清一代，以清康、雍、乾、三朝瓷器備受推崇，又奉雍正至乾隆早期爲清代御瓷的黃金時期。後有慎德、儲秀二堂，推陳出新、專製御物，亦謂佳品。其慎德堂者，源自圓明園九州島清宴一處堂名，爲道光皇帝御用書齋與寢殿。故宮博物院共藏慎德堂器皿 357 件，清宮舊藏 298 件，然花盆僅爲 9 對 18 件，4 件爲青花，7 對屬粉彩，形制有圓、長方、六方及花口。

　　花盆深腹，寬折沿外撇，下承四如意頭式足，外壁以青花粉彩爲飾，腹部繪纏枝花卉紋，上下分別飾如意頭紋和蓮瓣紋一周，折沿面亦繪纏枝花卉紋。全器紋飾西洋風格濃鬱，配色亮麗妍美。

慎德
堂製

清道光
黄釉浮雕柳蔭牧牛圖筆筒

款識：“大清道光年製”六字三行篆書款
口徑12.5厘米，高13.5厘米

　　筆筒圓柱形，外壁裝飾采用雕瓷技法，浮雕耕牛圖，黄牛體格健碩，四肢粗壯有力，引頸向天上望去，另一側柳樹枝條依依，桃花盛開，一派生機盎然。

　　整器外滿施黄釉，釉質滋潤，包漿古樸，雕工精湛卓越，牛毛細節處理更是細致入微，是一件集實用與藝術相結合的工藝精品。因牛在中國文化中是勤勞的象徵，故將其圖案浮雕于筆筒之上，有時刻警示書生學人勤奮努力之作用。底署“大清道光年製”六字篆書款，款識工整，爲道光官窑文房佳器。

來源：
1.美國棕櫚灘私人收藏。
2.紐約蘇富比，2011年3月29日，Lot 191。

圖書在版編目（CIP）數據

慎德御珍：鈞德堂藏慎德堂及道光御瓷 / 仲軒文化
藝術研究院編. -- 上海：上海書畫出版社, 2025. 4
　　ISBN 978-7-5479-3550-7

　　Ⅰ. K876.32

中國國家版本館CIP數據核字第2025GS0250號

慎德御珍——鈞德堂藏慎德堂及道光御瓷

仲軒文化藝術研究院　編

責任編輯　王聰薈
美術編輯　陳綠競
技術編輯　吳　金

出版發行　上 海 世 紀 出 版 集 團
　　　　　上海書畫出版社
地　　址　上海市閔行區號景路159弄A座4樓
郵政編碼　201101
網　　址　www.shshuhua.com
E－mail　shuhua@shshuhua.com
印　　刷　浙江海虹彩色印務有限公司
經　　銷　各地新華書店
開　　本　787×1092　1/8
印　　張　17.5
版　　次　2025年4月第1版　2025年4月第1次印刷
書　　號　ISBN 978-7-5479-3550-7
定　　價　398.00圓

若有印刷、裝訂質量問題，請與承印廠聯繫